INSTRUCTION MINISTÉRIELLE

SUR L'ORGANISATION ET LE FONCTIONNEMENT

DES

SOCIÉTÉS DE TIR

ET

DE GYMNASTIQUE

APPROUVÉE LE 29 AVRIL 1892

3ᵉ ÉDITION, ANNOTÉE ET MISE A JOUR

SUIVIE DE DIVERSES CIRCULAIRES COMPLÉMENTAIRES

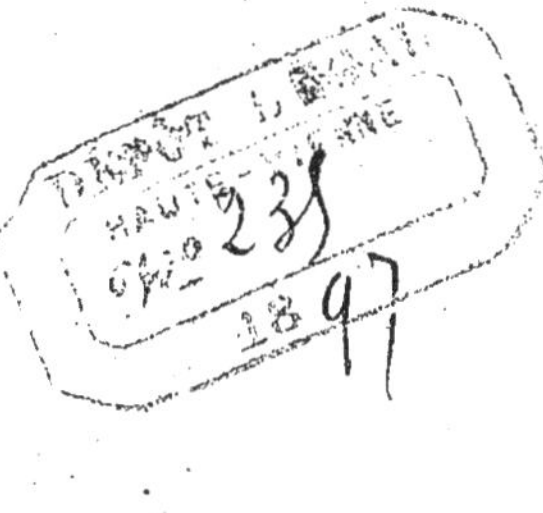

PARIS

Henri CHARLES-LAVAUZELLE

Editeur militaire

11, PLACE SAINT-ANDRÉ-DES-ARTS, 11

(Même maison à Limoges.)

1897

INSTRUCTION MINISTÉRIELLE

SUR L'ORGANISATION ET LE FONCTIONNEMENT

DES

SOCIÉTÉS DE TIR & DE GYMNASTIQUE

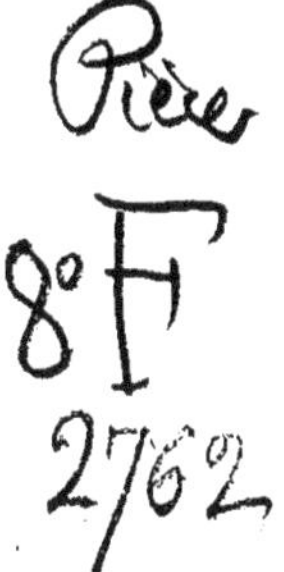

INSTRUCTION MINISTÉRIELLE

SUR L'ORGANISATION ET LE FONCTIONNEMENT

DES

SOCIÉTÉS DE TIR

ET

DE GYMNASTIQUE

APPROUVÉE LE 29 AVRIL 1892

3ᵉ ÉDITION, ANNOTÉE ET MISE A JOUR

SUIVIE DE DIVERSES CIRCULAIRES COMPLÉMENTAIRES

PARIS

HENRI CHARLES-LAVAUZELLE

Éditeur militaire

11, PLACE SAINT-ANDRÉ-DES-ARTS, 11

(Même maison à Limoges.)

1897

INSTRUCTION MINISTÉRIELLE

SUR L'ORGANISATION ET LE FONCTIONNEMENT

DES

SOCIÉTÉS DE TIR & DE GYMNASTIQUE

CHAPITRE PREMIER.

CONSTITUTION DES SOCIÉTÉS.

Différentes espèces de sociétés.

Art. 1er. Les sociétés sont de quatre espèces :

1o Les sociétés de tir, les sociétés de gymnastique, les sociétés de gymnastique et de tir, purement civiles, placées sous le contrôle direct de l'autorité préfectorale ;

2o Les sociétés de tir de l'armée territoriale composées exclusivement de membres appartenant à cette armée et à sa réserve, constituées sous le contrôle de l'autorité militaire ;

3o Les sociétés de tir mixtes, c'est-à-dire comprenant en même temps des membres appartenant à la disponibilité ou à la réserve de l'armée active, à l'armée territoriale ou à sa réserve et, enfin, des membres civils. Ces dernières sociétés, qui peuvent être considérées comme formées par la réunion d'une société de tir civile et d'une société de tir de l'armée territoriale, relèvent à la fois des autorités préfectorale et militaire ;

4o Les sociétés de tir au canon, composées exclusivement de

membres appartenant à l'armée et placées sous le contrôle direct de l'autorité militaire (1).

Conditions exigées pour la constitution des sociétés. — Approbation
des statuts.

Art. 2. *Sociétés civiles.* — Les sociétés civiles de tir, de gymnastique et de tir ne peuvent se constituer que si elles ont, au préalable, rempli les formalités prescrites par la loi.

Leurs statuts doivent être soumis, dans les formes légales, à l'autorisation du préfet du département dans lequel elles se constituent.

Il doit être tenu compte, dans la rédaction des statuts de chaque société, des dispositions suivantes :

Tous les adhérents doivent être Français et les sociétés ne pourront admettre, à un titre quelconque, aucun individu de nationalité étrangère.

Les uniformes que les sociétés croiront devoir adopter pour leurs membres doivent différer complètement des uniformes militaires.

Il est interdit d'employer, pour les grades, les insignes distinctifs adoptés dans les armées de terre et de mer, et la même prohibition est étendue aux médailles, qui ne devront en rien ressembler aux décorations nationales ou étrangères, ni même aux médailles d'honneur.

Aucune société, même autorisée à recevoir des armes, ne peut se réunir en armes sans l'assentiment et en dehors de l'autorité militaire, qui doit demeurer juge de l'opportunité des prises d'armes, intervenir dans leur réglementation et en conserver la surveillance.

Les sorties en armes, pour quelque motif que ce soit, doivent toujours être, au préalable, soumises à l'autorisation du commandement militaire. Elles sont autorisées :

Dans la subdivision de région, par le général commandant cette subdivision ;

Dans une autre subdivision de région appartenant au corps d'armée, par le général commandant ce corps d'armée.

Enfin, les sorties en armes, en dehors du corps d'armée, sont soumises à l'autorisation du Ministre de la guerre à qui les demandes doivent être transmises par la voie hiérarchique avec l'avis du préfet du département dans lequel la société a son siège

---

(1) La constitution et le fonctionnement de ces sociétés, ainsi que des sections de tir au canon qui pourraient être organisées par certaines sociétés de l'armée territoriale, feront l'objet d'une instruction spéciale. Jusqu'à la publication de cette instruction, celles qui s'organiseraient à titre d'essai auraient à soumettre leurs statuts à l'approbation du Ministre de la guerre (3e Direction ; 2e Bureau) par l'intermédiaire du général commandant le corps d'armée.

et celui du préfet du département dans lequel cette société compte se rendre.

Nota. — Nombre de sociétés de tir et de gymnastique joignent à leur enseignement spécial celui des exercices militaires. Lorsque des jeunes gens, à leur arrivée au corps, présenteront un brevet d'instruction militaire délivré par une de ces sociétés, leurs chefs directs pourront en tenir compte pour la désignation des élèves caporaux.

Sociétés de tir de l'armée territoriale. — Les sociétés de tir de l'armée territoriale sont instituées sous le patronage des chefs de corps de cette armée, responsables envers l'autorité militaire de l'ordre et de la discipline qui doivent régner dans les réunions de tir.

Leur constitution est autorisée par les généraux commandant les corps d'armée. Ces derniers rendent compte au Ministre (Direction de l'Infanterie; 2ᵉ Bureau) des autorisations données.

Les sociétés de tir de l'armée territoriale s'administrent au mieux de leurs intérêts et en dehors de toute ingérence de l'autorité militaire ; il leur est fait les avantages suivants :

1° Mise à leur disposition des champs de tir de la garnison, lorsque les circonstances le permettent;

2° Prêt du matériel de cibles des régiments de l'armée active, à charge pour elles de subvenir aux frais de réparations;

3° Droit à des prix de tir.

Sociétés de tir mixtes. — Les sociétés de tir mixtes ne peuvent se constituer que si elles ont, au préalable, rempli, à la fois, les formalités exigées pour les sociétés civiles et pour les sociétés de l'armée territoriale.

En conséquence, leurs statuts sont d'abord soumis à l'autorisation du préfet, en ce qui concerne la constitution en société de leur élément civil. Le préfet transmet ensuite ces statuts au général commandant le corps d'armée, qui, après y avoir consigné son avis, les adresse au Ministre de la guerre (Direction de l'Infanterie; 2ᵉ Bureau) pour recevoir une autorisation définitive.

La présidence d'honneur des sociétés de tir mixtes revient, de droit, au lieutenant-colonel commandant le régiment territorial se recrutant dans la région où ces sociétés fonctionnent; mention en est faite dans les statuts, ainsi que du numéro du régiment auquel elles sont rattachées.

Le chef de corps de l'armée territoriale sert seul d'intermédiaire, par la voie hiérarchique, entre les sociétés de tir mixtes et le département de la guerre.

Il est fait aux sociétés de tir mixtes les mêmes avantages que ceux qui sont spécifiés au présent article en faveur des sociétés de tir de l'armée territoriale.

CHAPITRE II.

DISPOSITIONS PARTICULIÈRES CONCERNANT LES SOCIÉTÉS DE TIR DE L'ARMÉE TERRITORIALE ET LES MEMBRES MILITAIRES DES SOCIÉTÉS DE TIR MIXTES.

Convocations aux séances de tir.

Art. 3. Les convocations aux séances de tir pourront être faites par voie d'affiches (modèle n° 1).

Ces affiches, exemptes du droit et de la formalité du timbre, seront toujours imprimées sur papier bleu (décision de M. le Ministre des finances en date du 20 février 1879).

Les réunions de tir sont facultatives.

Les imprimés d'affiches sont délivrés par l'administration centrale de la guerre, sur la demande des chefs de corps de l'armée territoriale, adressée sous le timbre de la Direction de l'infanterie (4e Bureau).

Aux termes d'une circulaire du 7 mai 1879 de M. le Ministre de l'intérieur, les maires sont invités à faire placarder dans leurs communes les affiches de convocation aux séances de tir qu'ils pourront recevoir des chefs de corps de l'armée territoriale, soit directement, soit par l'intermédiaire des officiers ou sous-officiers de tir de cette armée en résidence dans la commune.

Transport au demi-tarif.

Art. 4. Les militaires de tous grades de la disponibilité ou de la réserve de l'armée active, de l'armée territoriale ou de sa réserve qui se rendent aux réunions de tir ont droit au transport au demi-tarif sur les voies ferrées.

Ils doivent être détenteurs d'un bulletin de convocation (modèle n° 2, sur papier bleu) visé par l'autorité militaire et porteurs de leurs livrets individuels s'ils ne sont pas officiers.

Ils paient place entière au départ; mais il leur est délivré gratuitement un billet de retour sur le vu d'une attestation de l'officier dirigeant le tir, constatant que le porteur a assisté à la séance.

Les imprimés des bulletins de convocation sont délivrés par l'administration centrale de la guerre sur la demande des chefs de corps de l'armée territoriale adressée sous le timbre de la 1re Direction (4e Bureau).

Par suite d'une décision de M. le Ministre des finances en date du 3 avril 1877, ces bulletins de convocation peuvent être assimilés à la correspondance de service et admis à circuler, sous bandes, en franchise. Ils doivent être expédiés sous le couvert des maires et sous le contre-seing des lieutenants-colonels commandant les régiments territoriaux.

Conformément à la note 2 du règlement général du 25 avril 1890 sur les transports militaires par chemin de fer, le plein tarif est seul appliqué dans les compagnies ci-après désignées :

Compagnie de Bayonne à Argelet-Biarritz ;
Compagnie de Lyon à Fourvières et Saint-Just.

Art. 5. Il est délivré à quatre sous-officiers territoriaux directeurs de tir de chaque société de tir de l'armée territoriale ou mixte les effets militaires ci-après :

Capote........... }
Pantalon de drap.. } neufs ou en bon état.
Képi.............. neuf.

Les capotes sont revêtues de galons de grade en cours de durée, mais en bon état.

Les distributions sont effectuées par les corps de l'armée active gestionnaires du magasin territorial.

Les effets sont considérés comme étant en service entre les mains des militaires de l'armée territoriale et font sortie du magasin territorial, où ils sont remplacés dans l'approvisionnement.

Les bons sont établis par le capitaine-major territorial et visés par le chef du corps territorial.

Les détenteurs restent en possession des effets aussi longtemps qu'ils conservent leurs fonctions de directeurs de tir.

Lorsque ces effets sont complètement hors de service, ils peuvent être échangés sur la demande du capitaine-major, visée par le chef de corps et approuvée par le sous-intendant militaire, qui s'assure de l'état des effets et du temps pendant lequel ils ont servi.

Les résultats de cette constatation font l'objet d'un procès-verbal que transmet au Ministre l'intendant militaire du corps d'armée, après l'avoir revêtu de son approbation s'il y a lieu.

Les détériorations provenant de la faute des détenteurs, aussi bien que les pertes régulièrement constatées, sont à la charge des sociétés de tir.

Le versement du montant de ces pertes ou détériorations est poursuivi à la diligence du chef de corps.

Le capitaine-major tient le contrôle des sous-officiers détenteurs des effets, avec indication des dates de distribution.

En cas de convocation pour les périodes d'instruction prévues par la loi, les sous-officiers se rendent au corps pourvus des effets dont ils sont en possession.

Rapports annuels de tir.

Art. 6. Les chefs de corps de l'armée territoriale fournissent un rapport annuel sur les sociétés de tir de l'armée territoriale ou mixtes qui relèvent de leurs corps.

Ce rapport, conforme au modèle n° 3, doit parvenir au Ministre (Direction de l'Infanterie ; 2e Bureau) avant le 15 janvier de chaque année, par l'intermédiaire des généraux commandant les corps d'armée.

CHAPITRE III.

Concours. — Prix de tir.

Art. 7. Les départements de la guerre et de l'intérieur disposent, en faveur des sociétés de tir et des sociétés de gymnastique, de prix en nature qui leur sont décernés à l'occasion de leurs concours annuels.

Dans aucun cas, il ne leur est accordé de subsides en argent par le ministère de la guerre.

Les récompenses accordées par le département de la guerre sont réparties suivant l'effectif des sociétés et les résultats obtenus. Les sociétés qui ont plus d'une année de fonctionnement régulier peuvent seules y participer.

Les sociétés de tir de l'armée territoriale reçoivent leurs prix du département de la guerre.

Les sociétés de tir mixtes reçoivent également de ce département des prix qui sont exclusivement destinés à l'élément militaire de ces sociétés, et du département de l'intérieur des prix qui sont destinés à l'élément civil.

Les sociétés de tir civiles et les sociétés de gymnastique reçoivent leurs prix du département de l'intérieur.

Les demandes de prix en faveur des sociétés de tir de l'armée territoriale et de l'élément militaire des sociétés de tir mixtes sont établies, sur papier libre, par les chefs de corps de l'armée territoriale, et doivent parvenir au Ministre (Direction de l'Infanterie ; 2e Bureau) au moins un mois avant l'époque fixée pour le concours annuel, par l'intermédiaire des généraux commandant les corps d'armée, qui y consignent leurs avis.

Il ne doit être établi qu'une seule et même demande pour l'ensemble des sociétés de tir, territoriales ou mixtes, relevant d'un même corps de troupe de l'armée territoriale.

Les mêmes règles sont applicables aux demandes de prix établies en faveur de l'élément civil des sociétés de tir mixtes, lesquelles doivent parvenir au Ministre de l'intérieur par l'intermédiaire du Ministre de la guerre (Direction de l'Infanterie ; 2e Bureau).

Les demandes de prix en faveur des sociétés de tir civiles et des sociétés de gymnastiques (établies sur papier timbré) sont adressées, par les présidents de ces sociétés, quarante jours avant l'époque fixée pour le concours annuel, au préfet du département. Celui-ci, après les avoir intruites, les transmet au Ministre de l'intérieur (Direction de l'administration départementale et commerciale; 1er Bureau).

Les hommes de l'armée active autorisés à prendre part à des concours de tir ou de gymnastique ne pourront, en aucun cas, recevoir des prix en argent.

Les jeunes gens qui, avant leur incorporation, auront pris part à des concours de tir ou de gymnastique en France ou à l'étranger pourront se présenter aux corps porteurs des diplômes de prix de tir ou de gymnastique qui auront pu leur être délivrés.

Mention sera faite de la délivrance de ces diplômes sur le livret individuel :

1º En ce qui concerne le tir, à la page destinée à l'inscription des épinglettes et prix de tir distribués dans les corps, au moyen de l'inscription suivante :

« **A** obtenu un diplôme de prix de tir au concours de
le   18   . »

2º En ce qui concerne la gymnastique, dans la case intitulée :
« Gymnase », au moyen de l'inscription suivante :

« **A** obtenu, en 18   , de la société de   , un diplôme ou brevet de gymnastique. »

Les hommes de la réserve ou de l'armée territoriale, membres de l'une des sociétés de tir au canon dont les statuts ont reçu l'approbation ministérielle pourront, lorsqu'ils seront convoqués pour une période d'instruction, présenter les diplômes de prix qu'ils auront obtenus dans les concours de tir de ces sociétés.

Mention sera faite de la délivrance de ces diplômes sur le livret individuel à la page réservée au tir, dans la case destinée à l'inscription des prix et mentions honorifiques, au moyen de l'inscription suivante : « A obtenu en 189   un diplôme de prix de tir au canon de la Société de tir au canon de   . » (Décis. minist. du 4 septembre 1894, *Bulletin Officiel*, page 302.)

CHAPITRE IV.

PRÊTS D'ARMES.

Nombre et modèle des armes.

Art. 8. Les armes qui peuvent être mises à titre de prêt à la disposition des sociétés de tir et de gymnastique par l'administration de la guerre sont les suivantes :

1º *Sociétés civiles :*

Armes de tir {Fusils modèle 1874-85 ou 1885 ;
Fusils modèle 1874 M. 80 ;
Mousquetons d'artillerie, modèle 1874 M. 80.

Fusils dits « de manœuvre » modèle 1874.

Ces dernières armes, fabriquées avec des pièces de rebut, ne pourraient pas être tirées sans danger ; elles sont en conséquence disposées de manière à ne recevoir aucune cartouche, mais elles permettent l'exécution de tous les mouvements du maniement d'armes.

Chaque société de tir civile peut recevoir :

5 armes de tir (comprenant, au plus, 3 fusils modèle 1874-85 ou 1885) ;

15 fusils de manœuvre.

Il n'est pas délivré de revolvers aux sociétés civiles.

2º *Sociétés de tir de l'armée territoriale et sociétés de tir mixtes :*

Fusils modèle 1874-85 ou 1885 ;

Fusils modèle 1874 M. 80 ;

Mousquetons d'artillerie modèle 1874 M. 80 ;

Revolvers modèle 1873.

Chaque société de ces deux catégories peut recevoir au maximum :

10 fusils modèle 1874-85 ou 1885 ;

10 fusils ou mousquetons modèle 1874 M. 80 ;

4 revolvers.

Il n'est jamais délivré de nécessaires d'armes ou jeux d'accessoires à titre de prêt.

Il n'est pas délivré non plus d'équipements militaires aux sociétés de tir, l'administration de la guerre n'ayant à sa disposition aucun crédit qui lui permette d'effectuer ces délivrances.

Marche à suivre pour les demandes d'armes. — Dépôt de garantie,
Délivrance.

Art. 9. Toute demande d'armes faite par une société civile de tir ou de gymnastique doit être établie sur papier timbré, conformément au modèle n° 4 annexé à la présente instruction, et remise au préfet du département qui la transmet, avec son avis, au général commandant le corps d'armée. Cet officier général l'adresse au Ministre (3e Direction, 2e Bureau) après y avoir également consigné son avis.

Les armes demandées sont, sur l'ordre du Ministre, tenues à la disposition de la société intéressée par un établissement d'artillerie, moyennant le versement préalable à la Caisse des dépôts et consignations d'un dépôt de garantie fixé à :

8 francs par arme de tir (fusil ou mousqueton);
3 francs par fusil de manœuvre.

La société ne doit effectuer ce versement qu'après avoir été avisée que sa demande est accordée. La délivrance des armes est effectuée sur la présentation au directeur de l'établissement livrancier du récépissé constatant le versement du dépôt de garantie et contre la remise d'une déclaration du même versement. La société conserve le récépissé afin de pouvoir le représenter en cas de besoin. Ce récépissé lui est d'ailleurs indispensable pour rentrer en possession de son cautionnement lorsque les armes sont réintégrées.

Les demandes d'armes formées par une société de tir de l'armée territoriale ou une société mixte doivent être établies, conformément [au modèle nº 4, sur papier libre, par les chefs de corps présidents de ces sociétés; elles sont adressées au général commandant le corps d'armée, qui les transmet au Ministre avec son avis. Ces demandes doivent être distinctes pour chacune des sociétés relevant d'un même régiment territorial. Les armes sont délivrées sur l'ordre du Ministre, à titre de prêt et sans dépôt de garantie.

Toute demande d'armes doit mentionner le nombre et le modèle de celles que la société civile, territoriale ou mixte se trouve avoir déjà en sa possession, en vertu d'autorisations antérieures, ainsi que le nombre des membres prenant effectivement part aux exercices.

Echange et réintégration d'armes.

Art. 10. Lorsque les armes mises à la disposition d'une société civile, territoriale ou mixte ne peuvent plus faire un bon service, ou lorsque la société désire faire remplacer certaines des armes de tir entrant dans sa dotation par d'autres d'un modèle différent, la société est autorisée à en demander l'échange. Elle doit, à cet effet, adresser au Ministre, par la voie et dans les formes prescrites pour les demandes d'armes, une demande (modèle nº 4) indiquant l'établissement ou le corps de l'armée active qui a délivré les armes. L'échange de celles-ci contre des armes de service a lieu sur un ordre ministériel et n'est effectué par l'établissement ou le corps auquel l'ordre en est donné qu'après versement au Trésor ou paiement au chef armurier chargé de l'entretien des armes du régiment territorial (sociétés territoriales ou mixtes) du montant des réparations reconnues nécessaires aux armes à remplacer.

Lorsque, par suite de dissolution ou d'interdiction, une société de tir va cesser de fonctionner, elle doit adresser au Ministre une demande (modèle nº 4) de réintégration des armes mises à sa disposition. Cette demande, établie dans la forme prescrite pour les demandes de délivrance, est transmise par la même voie; il y est donné suite par un ordre ministériel.

Les armes réintégrées à un titre quelconque sont visitées, et le montant des réparations reconnues nécessaires doit être versé immédiatement au Trésor par la société intéressée ou payé au chef armurier chargé de l'entretien des armes du régiment territorial (sociétés territoriales ou mixtes). Toute arme non représentée doit être remboursée au prix de la nomenclature de l'artillerie.

Dans le cas d'échange d'armes comme dans celui de réintégration définitive, le récépissé constatant le versement au Trésor du montant des imputations est remis au directeur de l'établissement qui a reçu les armes et transmis au Ministre par ses soins, accompagné d'un duplicata des sommes imputées.

Quand il s'agit d'une réintégration définitive, des ordres sont donnés, sur la demande de la société, pour lui faire rembourser le dépôt de garantie qu'elle a constitué.

En cas de mobilisation, les armes mises à la disposition des sociétés de tir de l'armée territoriale et des sociétés de tir mixtes doivent être réintégrées immédiatement et sans nouvel avis, par les soins des chefs de corps présidents de ces sociétés. Les armes prélevées sur l'armement d'un régiment territorial doivent être restituées à cet armement. Toutes les autres sont versées, autant que possible, à l'établissement d'artillerie livrancier, sinon à l'établissement le plus voisin.

Armes prêtées pour un concours.

Art. 11. Lorsque, en vue de l'organisation d'un concours et en prévision de l'affluence des tireurs, une société de tir juge que les armes déjà mises à sa disposition ne sont pas en quantité suffisante, elle peut adresser au général commandant le corps d'armée une demande tendant à faire mettre à sa disposition, à titre temporaire et pour une durée déterminée (un mois au maximum), un certain nombre d'armes supplémentaires qui ne doit pas excéder dix. Cet officier général apprécie la demande et donne, s'il y a lieu, des ordres pour que les armes soient prêtées par un corps de troupe ou, à défaut de corps de troupe pouvant délivrer les armes demandées, par un établissement d'artillerie de la région. La société n'a, dans ce cas, aucun dépôt de garantie à constituer, mais son président doit s'engager par écrit à réintégrer les armes à l'issue du concours et à payer le montant de toutes les réparations qui seraient reconnues nécessaires lors de la visite passée au moment de la réintégration. Le général commandant le corps d'armée rend compte au Ministre, en même temps, du prêt et de la réintégration des armes et du payement des dégradations.

Lieu de dépôt assigné et destination à donner aux armes délivrées à titre de prêt.

Art. 12. Les armes délivrées à titre de prêt aux sociétés de tir ne doivent, en aucun cas, être employées en dehors de la localité pour laquelle elles ont été demandées. Elles doivent toujours rester en dépôt au lieu indiqué par la société dans sa demande, et ne peuvent servir qu'aux exercices des membres de la société.

Cependant, le général commandant le corps d'armée peut, sur la demande de la municipalité et l'avis favorable du préfet du département, autoriser une société à mettre ses armes à la disposition du corps de sapeurs-pompiers de la localité pour les exercices de tir à la cible. Dans ce cas, le tir a lieu dans le stand de la société.

Les armes des sociétés de tir ne peuvent d'ailleurs, sous aucun prétexte, être prêtées aux corps de sapeurs-pompiers pour les prises d'armes de ces corps.

Transport des armes. — Entretien — Visite.

Art. 13. En principe, le transport des armes de l'établissement livrancier au siège de la société doit être fait par les soins et aux frais de la société. Toutefois, des caisses d'armes à tasseaux peuvent être mises à sa disposition pour ce transport. Dans ce cas, les caisses doivent être réintégrées dans le plus bref délai possible. Elles sont, à leur retour, visitées et réparées, s'il y a lieu, aux frais de la société.

L'entretien des armes doit être assuré par la société.

En ce qui concerne les sociétés de tir de l'armée territoriale et les sociétés de tir mixtes, les chefs de corps de l'armée territoriale, présidents, sont responsables de la conservation et du bon entretien des armes confiées à ces sociétés.

Il n'est pas passé de visite annuelle régulière de ces armes, mais les chefs de corps, présidents, sont autorisés à les faire présenter, s'ils le jugent utile, au capitaine inspecteur d'armes de la région, lors du passage de cet officier dans la localité où se trouve le siège de la société ou dans une localité voisine. L'exercice de cette faculté ne doit d'ailleurs entraîner aucuns frais pour l'Etat.

CHAPITRE V.

DÉLIVRANCE DE MUNITIONS.

Délivrance de munitions à titre remboursable. — Prix des munitions.
Versements au Trésor.

Art. 14. Les demandes de munitions à titre remboursable sont adressées au général commandant le corps d'armée qui les examine, donne, s'il y a lieu, les ordres de délivrance et informe la société.

Ces ordres sont adressés à un établissement de l'artillerie situé dans la région (direction ou école) et aussi voisin que possible du siège de la société.

Les demandes formées par les sociétés de l'armée territoriale sont établies sur papier libre, conformément au modèle n° 5 ci-annexé et adressées directement au général commandant le corps d'armée par les chefs de corps.

Les demandes formées par les sociétés civiles de tir ou de gymnastique sont établies sur papier timbré, conformément au modèle n° 6 ci-annexé, et adressées à l'officier général précité par l'intermédiaire de l'autorité préfectorale.

Quant aux sociétés mixtes, leurs demandes doivent être distinctes, selon qu'elles s'appliquent aux membres civils des sociétés ou bien aux membres appartenant à l'armée territoriale, ces derniers n'ayant pas à verser au Trésor le bénéfice à réaliser sur le prix de la poudre. Elles doivent être, suivant le cas, établies dans l'une ou l'autre des formes indiquées ci-dessus.

Les munitions sont cédées aux sociétés de tir civiles, territoriales et mixtes, aux prix ci-après :

	modèle 1879-83.............	25 fr. le mille.
Cartouches à balle	modèle 1879................	12 —
	pour revolvers.............	50 —

Ces cartouches peuvent être cédées aux mêmes prix aux municipalités pour les exercices de tir à la cible des corps de sapeurs-pompiers, lorsque ces exercices ont été autorisés dans les conditions de l'article 12 et que la demande en est faite par le préfet du département.

A ces prix il faut ajouter pour les sociétés civiles et les membres civils des sociétés mixtes le bénéfice que, conformément à la loi, le Trésor doit réaliser sur le prix de vente de la poudre contenue dans les cartouches. Ce bénéfice est de :

10 fr. 50 pour mille cartouches pour fusil ou mousqueton ;
1 fr. 30 pour mille cartouches pour revolver.

Les sociétés territoriales, les membres des sociétés mixtes qui appartiennent à l'armée territoriale et les corps de sapeurs-pompiers des communes n'ont pas à effectuer le versement du montant de ce bénéfice.

Conformément à une décision de M. le Ministre des finances, en date du 12 juillet 1889, les deux sommes formant la valeur des cartouches cédées, dans le cas où le Trésor doit réaliser un bénéfice, peuvent être versées, en une seule fois, à la caisse du receveur particulier des finances.

En conséquence, les cartouches ci-dessus indiquées sont délivrées par l'établissement d'artillerie désigné par le général commandant le corps d'armée, contre la remise : 1° d'un récépissé et d'une déclaration de versement au Trésor du prix des cartouches calculé comme il est dit ci-dessus. Le récépissé portera la mention que la somme fait retour au budget de l'artillerie, quel que soit le modèle des cartouches délivrées ; 2° d'une déclaration constatant le versement, au titre de « divers L/C de recettes à classer », de la somme représentant le bénéfice à réaliser par le Trésor (pour les sociétés civiles et les sections civiles des sociétés mixtes).

Le compte rendu de la délivrance est adressé au Ministre, sous le timbre de la 3e Direction, par l'établissement livrancier. Ce compte rendu doit être accompagné du récépissé et, s'il y a lieu, de la deuxième déclaration susmentionnée.

Aux termes d'une circulaire adressée, le 10 novembre 1880, par M. le Ministre des finances aux trésoriers-payeurs généraux et receveurs des finances, les versements effectués au Trésor, en remboursement des cessions faites par les magasins de l'Etat, doivent être appuyés d'un ordre de reversement délivré par l'ordonnateur de la dépense.

En conséquence, aucun versement ne doit être fait au Trésor par les sociétés pour la valeur des munitions demandées à titre remboursable avant qu'elles aient reçu de l'établissement chargé de la délivrance l'ordre de reversement correspondant. Cet ordre est d'ailleurs adressé à la société intéressée par le directeur de l'établissement dès que cet officier supérieur reçoit du général commandant le corps d'armée l'ordre de délivrer les munitions.

Délivrance de munitions à titre gratuit.

Art. 15. § 1er (1). Les sociétés de tir de l'armée territoriale peuvent recevoir chaque année, à titre gratuit, dans la limite des crédits budgétaires affectés à cet usage, un certain nombre de cartouches pour fusil ou revolver. Cette allocation annuelle ne peut dépasser trente cartouches par homme.

Les sociétés mixtes reçoivent la même allocation pour les membres appartenant à l'armée territoriale.

Les demandes de cartouches à titre gratuit doivent être établies par les chefs de corps de l'armée territoriale, présidents des sociétés, conformément au modèle n° 5 ci-annexé, et doivent être distinctes pour chacune des sociétés relevant d'un même régiment territorial. Elles ne doivent pas comprendre les cartouches de revolver qui sont allouées gratuitement aux officiers de réserve ou de l'armée territoriale et qui sont délivrées par un corps de troupe dans les conditions indiquées par le règlement sur le service de l'armement.

Ces demandes, pour l'année qui suit celle en cours, doivent parvenir au général commandant le corps d'armée avant le 31 décembre de l'année courante, terme de rigueur.

Le général commandant le corps d'armée réunit toutes les

---

(1) Sociétés de tir de l'armée territoriale et sections de l'armée territoriale des sociétés de tir mixtes.

Sociétés de tir.   t.

demandes qui lui sont parvenues à cette date, après les avoir rectifiées, s'il y a lieu, sur un même état qui indique dans ses diverses colonnes, pour chaque société, la désignation et l'emplacement, le régiment territorial duquel elle relève, le nombre des tireurs appartenant à l'armée territoriale et prenant réellement part aux exercices de tir, la quantité de cartouches demandées pour fusil et celle pour revolver (la somme de ces deux quantités doit, au maximum, être égale à trente fois le nombre des tireurs).

Cet état, unique pour le corps d'armée, est totalisé et adressé au Ministre (3e Direction, 2e Bureau) dans le courant du mois de janvier.

Dès que la somme accordée par le Parlement pour les dépenses de cette nature est connue, une répartition, basée sur les indications de ces états, des cartouches pouvant être délivrées aux sociétés territoriales et mixtes (sections territoriales) est faite par les soins du Ministre entre les diverses régions de corps d'armée.

Dans chaque région, le général commandant le corps d'armée reçoit avis de la quantité de cartouches pour fusil et pour revolver qui est allouée à l'ensemble des sociétés territoriales et mixtes (sections territoriales) de cette région avec indication des établissements d'artillerie dans lesquels les approvisionnements sont constitués.

Il appartient alors au général commandant le corps d'armée de répartir entre les diverses sociétés intéressées, au prorata de leurs demandes, les munitions mises à sa disposition.

Il donne les ordres nécessaires aux directeurs des établissements livranciers; ces officiers supérieurs rendent compte au Ministre des délivrances successives effectuées par leurs soins.

§ II (1). Chaque année, dans le courant du mois de février, après entente avec l'autorité préfectorale, les généraux commandant les corps d'armée font parvenir au Ministre (3e Direction, 2e Bureau) un état indiquant :

1o Les sociétés civiles et les sociétés mixtes de tir (sections civiles) régulièrement autorisées qui, par leur bon fonctionnement, auront semblé mériter de recevoir des cartouches à titre gratuit (l'état ne devra comprendre que les sociétés ayant à leur disposition des armes modèle 1874 ou modèle 1874-85 et 1885 délivrées, à titre de prêt, par l'administration de la guerre);

2o Pour chacune de ces sociétés, le nombre des tireurs prenant réellement part aux exercices de tir et, pour les sociétés mixtes, n'appartenant pas à l'armée territoriale.

Après que ces divers renseignements ont été groupés par les soins de l'administration centrale, le Ministre répartit entre les diverses régions, au prorata du nombre des parties prenantes, les

---

(1) Sociétés de tir civiles et sections civiles des sociétés de tir mixtes.

cartouches pour fusil dont il peut disposer. (Il est entendu que ce nombre est de sa nature essentiellement variable et que les allocations faites pour une année ne peuvent à aucun titre être considérées comme créant un précédent qui puisse être invoqué par les intéressés pour les années subséquentes.)

Dans chaque région, le général commandant le corps d'armée reçoit avis de la quantité de cartouches pour fusil allouées à l'ensemble des sociétés civiles et mixtes (sections civiles) de la région, avec indication des établissements d'artillerie dans lesquels les approvisionnements sont constitués.

Le général commandant le corps d'armée informe chacune des sociétés intéressées de la quantité de cartouches qui lui revient et de l'établissement d'artillerie au directeur duquel elle devra s'adresser pour en obtenir livraison. Il donne les ordres nécessaires aux directeurs des établissements livranciers. Ces officiers supérieurs rendent compte au Ministre des délivrances successives effectuées par leurs soins.

§ III. Les généraux commandant les corps d'armée sont tenus, sous leur propre responsabilité, de se maintenir dans les limites des allocations totales qui leur ont été notifiées, d'une part pour les sociétés de l'armée territoriale et les sociétés mixtes (sections territoriales), d'autre part pour les sociétés civiles et les sociétés mixtes (sections civiles).

Aucun virement ne peut être fait d'une allocation à l'autre.

La délivrance des cartouches accordées à titre gratuit à une société de tir, à quelque catégorie qu'elle appartienne, doit être demandée avant le 31 décembre de l'année pour laquelle ces cartouches ont été accordées.

Les directeurs des établissements d'artillerie adressent au Ministre, dans le courant du mois de janvier suivant, un état des sociétés qui n'ont pas pris livraison des cartouches mises en réserve pour elles dans leurs magasins.

Il n'est pas délivré de cartouches à titre gratuit aux municipalités, pour les corps de sapeurs-pompiers autorisés à se servir des armes des sociétés de tir, dans les conditions de l'article 12.

Observations diverses concernant les allocations de cartouches.

Art. 16. § 1er. Les lieutenants-colonels, présidents des sociétés de tir de l'armée territoriale et mixtes, ne doivent pas perdre de vue que leur responsabilité personnelle se trouve engagée dans l'application des dispositions relatives à la cession des cartouches à ces sociétés et à la répartition de ces cartouches entre les membres civils et les membres faisant partie de l'armée territoriale. Ils doivent vérifier avec le plus grand soin, lors de l'envoi des demandes de cession, soit à titre remboursable, soit à titre gratuit, l'exactitude des renseignements donnés au sujet de l'effectif des membres appartenant à l'armée territoriale et surveiller avec la plus grande rigueur l'emploi des munitions qui sont accordées aux sociétés placées sous leur direction.

§ 2. Les directeurs des établissements d'artillerie doivent informer directement et immédiatement les directeurs des contributions indirectes de toutes les cessions de munitions chargées faites à titre gratuit ou à titre onéreux aux sociétés civiles, aux membres civils des sociétés mixtes et aux corps de sapeurs-pompiers. Cet avis n'est pas fourni pour les cessions de cartouches aux sociétés de l'armée territoriale et aux membres territoriaux des sociétés mixtes.

Il est fait mention de l'exécution de cette mesure sur le compte rendu de délivrance adressé au Ministre.

Cartouches de tir réduit pour fusil modèle 1874. — Cartouches de tir réduit pour fusil scolaire.

Art. 17. Afin de permettre aux sociétés de tir et de gymnastique de se préparer au tir de la cartouche réglementaire par des exercices de tir réduit, des cartouches spéciales à ce genre de tir, identiques à celles en usage dans l'armée active, leur sont délivrées, sur leur demande, dans les conditions suivantes :

Dans chaque subdivision de région, le général commandant désigne un corps de troupe chargé de fournir ces cartouches aux sociétés qui désirent pratiquer le tir réduit. Le prix de cession de l'étui est fixé à 0 fr. 04 centimes.

Celui du chargement, y compris le nettoyage des étuis et la fourniture des divers éléments qui le composent, à 0 fr. 009 par cartouche.

Après les tirs, les étuis vides susceptibles d'être utilisés sont rapportés au corps livrancier, pour être rechargés par ses soins, ou, s'il est possible, échangés immédiatement contre un même nombre d'étuis tout chargés. La dépense qui incombe aux sociétés n'est plus alors que de 0 fr. 009 par cartouche.

Il est alloué aux corps par cartouche livrée aux sociétés précitées une somme de 0 fr. 002, dont 0 fr. 001 pour frais de combustible, etc..., et 0 fr. 001 pour le personnel subalterne qui procède au chargement.

Les demandes de délivrance de cartouches de tir réduit ou de chargement d'étuis, établies en double expédition (modèle n° 7), doivent être adressées par les présidents des sociétés aux généraux commandant les subdivisions de région, qui les transmettent pour exécution aux corps désignés à cet effet. Elles doivent être accompagnées du récépissé et de la déclaration du versement au Trésor de la somme correspondante. Le récépissé doit porter la mention que la somme fait retour au budget de l'artillerie.

L'une des expéditions sera conservée par le corps livrancier, qui la mettra, avec la déclaration de versement, à l'appui du relevé des dépenses annuelles effectuées pour le service de l'armement. Il y joindra un état dressé par ses soins des sommes payées pour frais de combustible et de chargement, et émargé par le sous-officier chargé de l'atelier de chargement.

La seconde expédition, accompagnée du récépissé de versement au Trésor, sera envoyée par le corps au Ministre (3e Direction, 2e Bureau, 4e Section).

Les deux expéditions porteront le reçu de la société destinataire. Mention des étuis, amorces, couvre-amorces, balles et poudre, livrés dans ces conditions, devra être faite sur le carnet de munitions du corps.

Les corps demanderont à la direction d'artillerie chargée de les approvisionner les étuis, amorces, etc., dont ils jugeront avoir besoin pour être toujours en mesure de satisfaire à bref délai aux demandes qui leur seront adressées. Ils veilleront à ce que les cartouches destinées aux sociétés de tir ou de gymnastique soient confectionnées avec le même soin que celles qu'ils doivent employer eux-mêmes.

De même que pour les cartouches à balle cédées à titre remboursable, le versement au Trésor de la valeur des cartouches de tir réduit ne devra être effectué par les sociétés intéressées qu'après que celles-ci auront reçu de M. le sous-intendant chargé de la surveillance administrative du corps livrancier, l'ordre de reversement au Trésor correspondant. Cet ordre devra être demandé à ce fonctionnaire par la société intéressée, soit directement, soit par l'entremise du corps placé sous sa surveillance et qui opérera la délivrance.

Des cartouches de tir réduit pour fusil scolaire, du modèle de celles qui sont employées dans les établissements d'instruction publique, peuvent être délivrées, dans les mêmes conditions que les précédentes, aux sociétés qui en font la demande.

Il n'est pas délivré de cartouches de tir réduit, à titre gratuit, aux sociétés de tir.

Réintégration des étuis métalliques provenant des cartouches de guerre.

Art. 18. Les étuis métalliques provenant des cartouches modèle 1879-83 et modèle 1879, délivrées aux sociétés de tir civiles, territoriales et mixtes, soit à titre gratuit, soit à titre remboursable, ainsi que ceux provenant des cartouches pour revolver délivrées à titre gratuit aux sociétés territoriales et mixtes, doivent être versés intégralement dans les magasins de l'établissement d'artillerie par lequel les munitions ont été délivrées.

Dans le cas d'une cession gratuite, les étuis non représentés (on admettra un déchet de 2 p. 100) donneront lieu à une réduction d'un nombre égal de cartouches sur le montant de la nouvelle délivrance à titre gratuit et mention de cette réduction sera faite dans le compte rendu d'exécution adressé au Ministre par le directeur d'artillerie.

En cas de cession à titre onéreux de cartouches modèle 1879-83 ou modèle 1879, si le nombre des cartouches cédées ne dépasse pas 4.536 (3 caisses), aucune nouvelle livraison ne sera effectuée qu'après versement intégral des étuis provenant de la précédente cession (sauf le déchet de 2 p. 100). Si le nombre des cartouches cédées dépasse 4.536, la livraison n'en sera effectuée que par lots successifs de 4.536 au maximum, et chaque lot ne sera délivré qu'après versement des deux tiers au moins des étuis provenant des lots précédents. Après la livraison du dernier lot, aucune nouvelle livraison relative à une cession postérieure ne sera effectuée avant le versement de la totalité des étuis (sauf le déchet de 2 p. 100). Il ne sera fait exception à la règle relative au fractionnement par lots successifs de trois caisses au maximum que sur une autorisation ministérielle spéciale.

Les formalités relatives à la cession à titre remboursable d'une nouvelle quantité de cartouches pourront être remplies avant le versement des étuis provenant de la cession précédente.

Les règles ci-dessus ne s'appliquent qu'à la livraison des cartouches cédées.

Les étuis métalliques provenant de cartouches de revolvers cédées à titre onéreux pourront être versés à l'artillerie, mais sans que ce versement puisse donner lieu à remboursement.

Délivrance de poudre.

Art. 19. L'administration de la guerre ne délivre pas de poudre libre aux sociétés de tir. Les demandes de poudre peuvent être adressées à M. le Ministre des finances (Direction générale des Contributions indirectes).

Transport des munitions.

Art. 20. Les munitions délivrées à un titre quelconque aux sociétés de tir ou de gymnastique, à quelque catégorie qu'elles appartiennent, sont tenues à leur disposition dans les magasins de l'établissement de l'artillerie ou du corps de troupe désigné à cet effet.

Toutefois, si la société intéressée en fait la demande au directeur de l'établissement, les munitions autres que celles de tir réduit peuvent être expédiées au siège de la société ou à la gare la plus proche, par les transports du commerce, en port dû.

Dans ce cas, les caisses nécessaires au transport sont prêtées par l'établissement et doivent lui être renvoyées aussitôt que possible. Les directeurs des établissements d'artillerie ne doivent délivrer une nouvelle allocation de cartouches qu'après réintégration des deux tiers au moins des caisses ayant servi aux envois précédents, si ces envois ne remontent pas à plus de six mois. Dans le cas contraire, il serait sursis à toute délivrance nouvelle

jusqu'à complète réintégration de ces caisses et il serait rendu
compte au Ministre.

En vue de diminuer les charges qui incombent aux sociétés de
tir, les directeurs des établissements de l'artillerie sont autorisés
à faire exécuter, sans ordre ministériel, entre les places de leur
direction, les mouvements de cartouches nécessaires pour que les
délivrances aux sociétés de tir puissent être effectuées par les places les plus rapprochées. Toutefois, ces mouvements devront être
réglés de façon à réduire autant que possible les frais qui en ré-
sulteront pour l'Etat.

CHAPITRE VI.

IMPORTATION DE MUNITIONS. — TIREURS ÉTRANGERS VENANT EN FRANCE PRENDRE PART A UN CONCOURS.

Importation de munitions.

Art. 21. Aux termes de la loi du 1er août 1874, les sociétés de
tir sont autorisées, sur leur demande, à introduire en France,
moyennant un droit de douane de 10 p. 100, des cartouches chargées utilisables pour les armes autres que celles dont se compose
l'armement militaire de la France. Les demandes (modèle n° 8)
doivent être établies sur papier timbré et transmises à M. le Ministre des finances (Direction générale des Contributions indirectes) par les préfets ; elles indiquent le modèle des munitions,
leur nombre et le bureau de douane par lequel elles doivent
entrer en France.

Les munitions importées sont déposées dans une poudrière
désignée à cet effet, conformément à la circulaire de M. le Ministre des finances en date du 17 février 1875, par le préfet, après
entente avec l'administration locale des contributions indirectes.

Afin d'éviter aux sociétés des transports onéreux, l'administration des finances, d'accord avec celle de la guerre, a admis que
les sociétés qui possèdent dans leur stand des poudrières présen-
tant des conditions de sécurité jugées suffisantes par les autorités
locales peuvent être autorisées à y déposer les munitions importées, sous la réserve que les employés des contributions indirectes
soient admis à s'assurer, par des visites aussi fréquentes qu'ils
le jugeront convenable, que les cartouches introduites dans ces
poudrières ont acquitté la taxe d'importation et qu'elles ne sont
pas détournées de leur destination toute spéciale.

Les demandes d'importation de munitions doivent faire connaître le local désigné par le préfet pour recevoir ces munitions.

Tireurs étrangers venant en France prendre part à un concours.

Art. 22. Les tireurs étrangers invités par les sociétés de tir françaises à prendre part à des concours sont autorisés à introduire en France leurs munitions sous les réserves suivantes :

1º L'importateur devra justifier de sa qualité de tireur, soit par une lettre de convocation du président du concours auquel il doit prendre part, soit par un titre émanant de la société étrangère de tir à laquelle il appartient ;

2º Le nombre des cartouches importées ne doit pas dépasser 200 par arme.

Mise en application de la présente instruction. — La présente instruction, qui remplace toutes les dispositions antérieures concernant les sociétés de tir et émanant du ministère de la guerre, sera mise en vigueur à partir du jour de son insertion au *Bulletin officiel*, insertion qui tiendra lieu de notification.

Paris, le 29 avril 1892.

APPROUVÉ :

Le Ministre de la guerre,
C. DE FREYCINET.

Délivrance de fusils modèle 1874 de manœuvre, sans épée-baïonnette, aux sociétés d'instruction militaire préparatoire. (Lettre collective du 12 mai 1895, *Bulletin officiel,* page 506.)

Mon cher Général, les circulaires ministérielles des 22 juillet et 9 novembre 1887 ont fait connaître les dispositions arrêtées pour la délivrance de fusils modèle 1866 dits « d'instruction » aux sociétés d'instruction militaire préparatoire.

J'ai l'honneur de vous informer que j'ai décidé d'étendre ces dispositions à la délivrance, aux sociétés susmentionnées, de fusils de manœuvres modèle 1874, sans épée-baïonnette (armes mises hors d'état de faire feu).

Le dépôt de garantie à constituer pour la délivrance des fusils de manœuvre modèle 1874 sera de 3 francs par arme, comme il est prescrit par l'instruction du 29 avril 1892 pour la délivrance des fusils de ce modèle aux Sociétés de tir et de gymnastique.

Les fusils d'instruction modèle 1866, actuellement en service, pour lesquels il a été versé un dépôt de garantie de 2 francs par arme, pourront être échangés contre des fusils de manœuvre modèle 1874, sans épée-baïonnette, moyennant le versement d'un dépôt supplémentaire d'un franc par arme.

Les demandes de délivrance et d'échange devront être établies et transmises conformément aux prescriptions de l'instruction du 29 avril 1892 sur les sociétés de tir et de gymnastique. Elles devront être déterminées de telle sorte que le nombre total des fusils de manœuvre modèles 1866 et 1874, détenus par chaque société d'instruction militaire, ne soit pas supérieur au nombre des membres prenant part aux exercices.

Délivrance d'armes modèle 1886 M 93 et de cartouches modèle 1886, aux sociétés de tir de l'armée territoriale et aux sociétés de tir mixtes. (Dépêche du 29 janvier 1896; 3e Direction, 2e Bureau, adressée aux généraux commandant les corps d'armée.)

Un certain nombre de demandes ont été formulées par des sociétés de tir de l'armée territoriale et des sociétés de tir mixtes en vue d'obtenir la délivrance, à titre de prêt, de fusils modèle 1886 M 93 et la cession de cartouches modèle 1886 à titre remboursable.

Une étude est actuellement poursuivie en vue de déterminer les conditions dans lesquelles le tir avec le fusil modèle 1886 pourrait être autorisé et organisé d'une façon générale dans les sociétés de tir rattachées à l'armée territoriale.

En attendant que cette étude, qui présente certaines difficultés, ait pu aboutir, et sans préjuger la décision définitive, j'ai pensé qu'il était possible de donner, dans une certaine mesure, satisfaction aux désirs exprimés à ce sujet en faisant mettre pour la durée des tirs d'exercice ou de concours, et sous les conditions indiquées ci-après, des fusils modèle 1886 à la disposition des sociétés de tir de l'armée territoriale et des sociétés de tir mixtes (sections de l'armée territoriale) qui en feront la demande.

J'ai, en conséquence, l'honneur de vous faire connaître que vous êtes autorisé :

1o A faire délivrer, à titre de prêt, aux sociétés de tir de l'armée territoriale et aux sociétés de tir mixtes (sections de l'armée territoriale), sur la demande des lieutenants-colonels présidents de ces sociétés et pour un délai déterminé, un certain nombre de fusils modèle 1886 M 93. Ce nombre n'excédera pas cinq par société;

2o A faire délivrer, à titre remboursable, des cartouches modèle 1886 M auxdites sociétés et sections de sociétés.

La délivrance, à titre de prêt, de fusils modèle 1886 M 93 ne sera effectuée que si la société intéressée exécute ses tirs dans un stand militaire de garnison et si les munitions utilisées dans ces fusils doivent être exclusivement des munitions provenant des cartoucheries de l'Etat.

Il est absolument interdit de tirer dans les fusils prêtés des cartouches du commerce, qu'elles soient à charge entière ou à charge réduite (cartouches dites de stand).

Les armes seront, conformément aux dispositions de l'article 11 de l'instruction ministérielle du 29 avril 1892, fournies par un corps de troupe voisin ou, à défaut, par un établissement d'artillerie.

Les cartouches cédées à titre remboursable seront délivrées par un établissement d'artillerie au prix de 100 francs le mille, non compris le transport; les étuis et les matériaux d'emballage devant être reversés à l'artillerie, tous les étuis sans exception devront être représentés.

Les dispositions de l'instruction du 29 avril 1892 restent, d'une façon générale, applicables pour les délivrances autorisées par la présente dépêche, notamment en ce qui concerne l'envoi des comptes rendus, le paiement des dégradations, etc., etc...

Je vous serai obligé, en outre, de prendre les mesures que vous jugerez propres à empêcher tout détournement de munitions.

Signé : G. CAVAIGNAC.

Cessions de revolvers et de cartouches modèle 1892 *aux sociétés de tir.* (Dépêche du 21 août 1896, adressée aux généraux commandant les corps d'armée.)

Depuis la mise en service dans l'armée du revolver modèle 1892, mon attention a été appelée, à différentes reprises, par les lieutenants-colonels de l'armée territoriale, sur l'utilité qu'il y aurait à étendre aux armes et aux cartouches de ce modèle les dispositions en vigueur pour les délivrances aux sociétés de tir de revolvers et de cartouches modèle 1873.

Or, aux termes de l'instruction ministérielle du 29 avril 1892 sur l'organisation et le fonctionnement des sociétés de tir, les cartouches pour revolver modèle 1873 peuvent être délivrées soit à titre onéreux, soit à titre gratuit, et les revolvers sont délivrés à titre de prêt.

Mais l'état des approvisionnements disponibles en revolvers modèle 1892 ne permettrait pas de délivrer dans les mêmes conditions les armes de ce dernier modèle.

Le seul moyen de donner satisfaction aux demandes formulées par les présidents des sociétés de tir, dans le but de développer l'instruction des membres de ces sociétés, m'a paru être d'autoriser la cession à titre onéreux de revolvers modèle 1892 et de cartouches à ces sociétés.

J'ai, en conséquence, l'honneur de vous faire connaître que j'ai pris, à ce sujet, la décision suivante :

Des revolvers modèle 1892 pourront être cédés, à charge de remboursement, au prix fixé pour les officiers de l'armée, aux sociétés de tir de l'armée territoriale mixtes et civiles qui en feront la demande.

Toutefois, en aucun cas le nombre des revolvers ainsi cédés à une même société, soit en une fois, soit en plusieurs livraisons, ne pourra dépasser quatre.

Les demandes de cessions seront adressées au Ministre de la guerre (3e Direction, 2e Bureau) par l'intermédiaire des préfets des départements (sociétés civiles) et des généraux commandant les corps d'armée (toutes les sociétés).

Des cartouches réglementaires pour revolver modèle 1892 pourront être également cédées à ces sociétés au prix de 60 francs le mille, prix auquel il conviendra d'ajouter, pour les sociétés civiles et les sections civiles des sociétés mixtes, le bénéfice de 1 fr. 30 par mille à réaliser par le Trésor sur le prix de vente de la poudre contenue dans les cartouches.

La délivrance de ces munitions sera effectuée dans les conditions prévues par l'article 14 de l'instruction ministérielle du 29 avril 1892 sur les sociétés de tir.

Je vous prie de vouloir bien, en ce qui vous concerne, assurer l'exécution de ces dispositions.

BILLOT.

MODÈLES.

(Pour les renvois des modèles n°s 4 à 8 inclus, voir les indications à la page suivante.)

RENVOIS DES MODÈLES Nᵒˢ 4 A 8 INCLUS.

(A) A établir sur papier timbré de 0 fr. 60 pour les sociétés civiles et les fractions civiles des sociétés mixtes.

(B) A établir en double expédition.

(1) Nom de la société.

Exemples.
{ Société de tir et de gymnastique *La Vedette*, de Péronne.
Société de tir du 94ᵉ territorial d'infanterie à Jarnac.
Société de tir mixte d   , dépendant du ᵉ territorial, etc.

(2) Arrêté préfectoral du   (pour les sociétés civiles).
Par décision du général commandant le ᵉ corps d'armée, du (pour les sociétés territoriales).
Par décisions ministérielles du   et du (pour les sociétés mixtes).

(3) Adresse du stand où sont déposées les armes.
Exemple.. Rue des Champs, 25, à Péronne (Somme).

(4) Exemples.
{ 2 fusils modèle 1874 M. 80, 15 fusils de manœuvre.
10 fusils modèle 1874 M. 80; 5 fusils modèle 1874-85; 2 revolvers modèle 1873.

(5) Indication de la demande.

Exemples.
{ Demande de prêt d'armes.
Demande d'échange d'armes.
Demande de réintégration d'armes.

(6) Exemples.
{ Recevoir à titre de prêt.
Echanger contre un même nombre d'armes des mêmes modèles délivrées par
Réintégrer définitivement dans les magasins de
qui a délivré ces armes.

(7) Ne peuvent être demandés que par les sociétés civiles.

(8) Ne peuvent être demandés que par les sociétés territoriales ou mixtes.

(9) Exemples.
{ Le président de la société pour les sociétés civiles.
Le lieutenant-colonel commandant le ᵉ territorial, pour les sociétés territoriales ou mixtes.

AVIS.

ARMÉE TERRITORIALE

Société de tir du (1) ᵉ **régiment d'infanterie.**

Mᴏᴅèʟᴇ ɴº 1.

Art. 3 de l'instruction
ministérielle du 29
avril 1892.

(Format : 0ᵐ,31 sur 0ᵐ,45
papier bleu.)

TIR A LA CIBLE.

Le lieutenant-colonel commandant le (1)   ᵉ régiment territorial d'infanterie informe les membres
de la société de tir d (2)   que le tir à la cible aura lieu les (3)
à (4)   heures d (5)   au champ de tir d (6)
Bien que ces réunions soient facultatives, le lieutenant-colonel engage tous les militaires du régiment
en résidence dans la commune d (7)   à prendre part aux tirs
Pendant les séances, ces militaires devront se conformer aux différents articles des statuts établis par
la société.

Ils seront porteurs de leurs livrets individuels, s'ils ne sont pas officiers.

S'ils ont à se servir des voies ferrées pour se rendre de leur domicile au lieu de réunion, ils recevront
un bulletin individuel d'invitation ; munis de ce bulletin, ils payeront place entière au départ, le retour sera
gratuit.

(1) Numéro du régiment.
(2) Régiment, bataillon ou compagnie.
(3) Dates des séances de tir.
(4) Heure.
(5) Matin ou après-midi.
(6) Localité du tir.
(7) Localité de l'affichage.

Lᴇ Lɪᴇᴜᴛᴇɴᴀɴᴛ-Cᴏʟᴏɴᴇʟ,

Commandant le ᵉ *territorial d'infanterie,*

Président des Sociétés de tir du régiment,

MODÈLE N° 2.

Format : 0^m,31 sur 0^m,21, papier bleu.

Art. 4 de l'instr. minist. du 29 avril 1892.

CORPS D'ARMÉE.

Subdivision de région
d

ARMÉE TERRITORIALE.

(1) Numéro du régiment.
(2) Localité de la réunion.
(3) Nom, prénoms, grade.
(4) Indication du corps.
(5) Date de la réunion.
(6) Heure de la réunion.
(7-8) Numéro de la compagnie et du bataillon.

Société de tir du (1) e régiment d'infanterie.

BULLETIN D'INVITATION
pour se rendre à (2)

Modèle s'appliquant indistinctement aux officiers de l'armée territoriale, aux hommes de troupe de la disponibilité, de la réserve de l'armée active, de l'armée territoriale et de la réserve faisant partie des sociétés de tir.

Le lieutenant-colonel commandant le (1) e régiment territorial d'infanterie invite le sieur (3)
domicilié à   canton d   département d
immatriculé dans le (4)   à assister à la séance de tir à la cible qui aura lieu le (5)   à (6)
pour les hommes de la (7) e compagnie du (8) e bataillon, au champ de tir d (2)   . Cette réunion est facultative.
Le sieur   sera porteur de son livret individuel.
Muni du présent bulletin, il payera place entière sur les chemins de fer pour son transport au lieu de réunion; mais il aura droit au retour gratuit, en se conformant aux formalités indiquées ci-dessous.
Ce bulletin sera valable pour l'aller, la veille et le jour de la séance de tir, et, pour le retour, jusqu'au lendemain de cette séance inclusivement.

*Le Lieutenant-Colonel commandant le e territorial d'infanterie,
Président des sociétés de tir du régiment,*

VISA			NOTA.
de la gare de départ (aller).	de l'officier chargé de diriger le tir.	de la gare de départ (retour).	FAIRE REMPLIR CI-CONTRE : 1° En partant, la case A; 2° Sur le champ de tir, la case B; 3° Pour le retour, la case C.
A	**B**	**C**	Au départ, le détenteur du bulletin prend un billet ordinaire et paye place entière.
Classe du billet délivré. Timbre à date.	L'officier soussigné certifie que le porteur du présent bulletin a pris part aux exercices de tir.	Timbre à date.	Au retour, il n'aura rien à payer, mais il doit voyager dans la même classe de voiture qu'à l'aller ; le bulletin, revêtu des trois visas, tient lieu de billet de retour, et il est rendu comme tel à l'agent du chemin de fer.

e CORPS D'ARMÉE.

Subdivision de région
d

MODÈLE Nº 3.

Art. 6 de l'instruction
ministérielle
du 29 avril 1892.

e RÉGIMENT TERRITORIAL D'INFANTERIE.

RAPPORT ANNUEL

SUR LES SOCIÉTÉS DE TIR ORGANISÉES AU CORPS.

ANNÉE 189 .

° Régiment territorial d'infanterie.

NOMBRE DE SOCIÉTÉS				MATÉRIEL DE CIBLES dont il est fait usage.	CHAMPS DE TIR, leur étendue. — (Indiquer s'ils sont communs à la garnison ou spéciaux à la société et s'ils sont suffisants).	NOMBRE des SOCIÉTAIRES INSCRITS.				SÉANCES.		ARMES A LA DISPOSITION des sociétés.				MUNITIONS CONSOMMÉES.			RÉSULTATS.				NOMBRE de SOUS-OFFICIERS adjoints aux officiers de tir et pourvus des effets d'habillement réglementaires.	DATE DE L'AUTORISATION DES STATUTS.		
créées dans l'année.	disparues dans l'année.	existant au 1er janvier.	siège des différentes sociétés (1).			Officiers.	Sous-officiers.	Caporaux et soldats.	Civils.	Nombre.	Chiffre moyen des présents.	Fusils. Nombre.	Fusils. Modèles.	Revolvers. Nombre.	LIEU de dépôt	Cartouches à balle à titre gratuit.	Cartouches à balle à titre remboursable.	Cartouches de tir réduit.	Distances.	Balles tirées.	Balles mises.	Pour cent.		Sociétés territoriales. Autorisation du commandant de corps d'armée	Sociétés mixtes. Autorisation du Ministre de l'intérieur.	Sociétés mixtes. Autorisation du Ministre de la guerre.

(1) Faire précéder d'un T ou d'un M le nom de la localité selon que la société sera purement militaire (territoriale) ou mixte.

OBSERVATIONS.

(Avoir soin de bien faire ressortir la valeur de chaque société.)

1° DU LIEUTENANT-COLONEL, CHEF DE CORPS.
A   , le   189 .

2° DU GÉNÉRAL DE BRIGADE.	3° DU GÉNÉRAL DE DIVISION.	4° DU GÉNÉRAL COMMANDANT le ⁴ corps d'armée.

[illegible]

[illegible]	[illegible]	[illegible]	[illegible]
[illegible]	[illegible]	[illegible]	[illegible]

[illegible]

MODÈLE N° 4 (A).

Art. 9 de l'instruction
ministérielle
du 29 avril 1892.

SOCIÉTÉ DE (1)

AUTORISÉE PAR (2)

Siège de la Société (3) :

Nombre de membres prenant réellement part aux exercices de tir . . . .
Nombre et modèles des armes que la société a déjà reçues à titre de prêt de l'administration de la guerre . . . .)

DEMANDE DE (5)   D'ARMES.

Je soussigné, président de la société ci-dessus désignée, prie M. le Ministre de la guerre de vouloir bien autoriser cette société à (6)

les quantités d'armes dont le détail suit, savoir :

fusils modèle 1874-85 ou 1885)
fusils modèle 1874 M. 1880   } sans jeux d'accessoires.
fusils de manœuvre (7).
revolvers modèle 1873 (8).

A   , le   189   .

Le (9)

MODÈLE Nº 5.

Art. 14 de l'instruction
ministérielle
du 29 avril 1892

SOCIÉTÉ (1)

AUTORISÉE PAR (2)

Siège de la Société (3) :

Nombre total des membres prenant réellement part aux exercices de tir . . . .
Nombre de membres prenant réellement part aux exercices de tir et appartenant à l'armée territoriale . . . .
Nombre et modèles des armes que la société a déjà reçues à titre de prêt de l'administration de la guerre . . . .

DEMANDE DE MUNITIONS A TITRE GRATUIT.

Je soussigné, lieutenant-colonel commandant le   e régiment territorial   , prie M. le Ministre de la guerre de vouloir bien faire délivrer à la société ci-dessus désignée, à titre gratuit, à raison de 30 cartouches (pour fusil ou revolver) par membre actif appartenant à l'armée territoriale, les quantités de munitions dont le détail suit, savoir :

cartouches pour fusil.
cartouches pour revolver.

A   , le   189 .

*Le Lieutenant-Colonel commandant
le   e territorial,*

Modèle nº 6 (a).

Art. 14 de l'instruction
ministérielle
du 29 avril 1892.

(1) SOCIÉTÉ

AUTORISÉE PAR (2)

Siège de la Société (3) :

Nombre de membres prenant réellement part aux exercices de tir. . . . .
Nombre et modèles des armes que la société a
déjà reçues à titre de prêt de l'administration de
la guerre . . . .

DEMANDE DE MUNITIONS A TITRE REMBOURSABLE.

Je soussigné, président de la société ci-dessus désignée, prie M. le Général commandant le ᵉ corps d'armée, de vouloir bien faire délivrer à cette société, à titre remboursable, les quantités de munitions dont le détail suit, savoir :

cartouches pour fusil ou mousqueton, à 25 francs le mille.
— — . . . . à 12 — —
cartouches pour revolver modèle 1873 à 50 — —

(Pour les sociétés civiles et les membres civils des sociétés mixtes seulement).

Indépendamment du prix de ces cartouches à verser au Trésor, pour faire retour au budget de l'artillerie, je m'engage à verser à la caisse du receveur des contributions indirectes le montant des droits qui reviennent au Trésor sur le prix de vente de la poudre contenue dans ces cartouches, à raison de :

10 fr. 50 par 1.000 cartouches de fusil ou mousqueton;
et 1 fr. 30 par 1.000 cartouches de revolver modèle 1873.

A   , le   189   .

Le Président de la Société,

MODÈLE N⁰ 7 (B).

Art.17 de l'instruction
ministérielle
du 29 avril 1892.

SOCIÉTÉ (1)

AUTORISÉE PAR (2)

Siège de la Société (3) :

DEMANDE DE CARTOUCHES DE TIR RÉDUIT.

Je soussigné, président de la société ci-dessus désignée, prie
M. le Général commandant la subdivision de région de vouloir
bien autoriser cette société à recevoir du corps de troupe désigné
à cet effet :

        cartouches de tir réduit pour fusil modèle 1874
ou   chargements de cartouches de tir réduit pour fusil
modèle 1874.
Ci-joint le récépissé et la déclaration du versement au Trésor
de la somme correspondante, savoir :

A   , le   189 .

Le Président de la Société,

MODÈLE N° 8 (A)

Art. 21 de l'instruction
ministérielle
du 29 avril 1892.

SOCIÉTÉ (1)

AUTORISÉE PAR (2)

Siège de la Société (3) :

Nombre de membres prenant réellement part aux exercices de tir. . . . .

DEMANDE D'IMPORTATION DE MUNITIONS.

Je soussigné, président de la société ci-dessus désignée, prie M. le Ministre des finances de vouloir bien autoriser cette société, sous la réserve de l'acquittement des droits de douane, à importer pour ses exercices de tir, par le bureau de douanes de   en provenance de   les munitions désignées ci-après, savoir :

Ces munitions seront déposées dans la poudrière de   agréée par l'administration préfectorale et celle des contributions indirectes.

A   , le   189 .

Le Président de la Société,

TABLE DES MATIÈRES

CHAPITRE VI.

IMPORTATI⊃N DE MUNITIONS. — TIREURS ÉTRANGERS VENANT EN FRANCE PRENDRE PART AUX CONCOURS.

MODÈLES.

9 782019 632908